Poemas enojados, mal educados y de los otros

Poemas para ti,
para ellos,
para nadie.

Pandora Lobo Estepario Productions™
Chicago 2018

Poemas enojados, mal educados y de los otros

Poemas para ti,
para ellos,
para nadie.

Bernardo E. Navia

Copyright © 2017 Bernardo E. Navia
Cover: Miguel López Lemus
©2018 Pandora Lobo Estepario Productions™, publisher

All rights reserved. No part of this book may be reproduced in any manner without the express written consent of the Publisher, except in the case of brief excerpts in critical reviews or articles. All inquiries should be addressed to: Pandora Lobo Estepario Productions, 1239 N. Greenview Ave. Chicago, IL 60642

All rights reserved.

Primera Edición

ISBN—10: 1-940856-37-X
ISBN—13: 978-1-940856-37-7

Library of Congress Control Number: 2018957159:

Poemas enojados, mal educados y de los otros
Poemas para ti, para ellos, para nadie.

Ars poética (o algo así)

A veces

A veces entabla uno
charlas absurdas con las hojas y los peces,
unas veces con las calles y otras con las nubes;
y se cansa uno de las voces de siempre
y de las sombras que juegan
en cada esquina
con las palabras y las calles.

A veces viene uno
a internarse de emergencia
con los versos más enfermos
y a esperar a que pase pronto
la tristeza honda que se agita
en las horas y en silencio.

A veces sin quererlo,
como si no se diera cuenta,
se enferma uno de pasado
con páginas de nostalgia
e historia y versos que cantan
en las trovas del medioevo.

A veces quisiera uno
que se fueran acabando
estos días nebulosos
de preguntas sin respuestas.

A veces quisiera uno
que solo vivieran con sus risas
en el alma y con su danza
las voces de esos cuatro niños míos
que no saben de la muerte,
ni de su terca manía triste
de besarnos en los labios callada.

Para siempre.

Update

Hace ya un tiempo que
se me escaparon los versos.

Se me fueron sigilosos,
de noche se fugaron,
por el balcón los cabrones bajaron;
o se fueron con los libros
que dejé una tarde
en el patio de la muerte
o en el tren del olvido.

No lo sé y ya qué importa.

Se me escaparon los versos.
Pero yo quedé bien, muy bien.
Muchas gracias. No jodan.

¿No ven que me tocan el alma
las caritas y los nombres
de esos corazones limpios
que aletean en mi vida?

Sin embargo, siento a veces,
(muy a veces, por cierto),
sobre mis hombros pesada
la mirada de los otros.

De aquellos otros, carajo.

Los que fabrican sombras
en calles insomnes
y memorias fantasmas
en camas desiertas;
los que cuelan llantos del cielo

por los ángeles muertos,
por los sueños truncados
y por las voces perdidas
en versos obtusos
que se leen sin leer.

Como estos versos míos,
que se ríen los pendejos,
pues saben siempre cómo estar

sin llegar nunca a ser.

"¿Por qué escribe, profe?"

Y qué sé yo por qué escribo.

Porque hay días que no aguanto ni mi sombra,
porque hay días que giran en torno a la nada;
porque hay días en que estoy contento
y me hablan los colores y el alivio
o me penan las memorias
de los besos que no he dado;
y también escribo porque hay días
que me saltan al camino
esas cuatro voces chicas
que más amo yo.

Yo escribo que se caen
los intentos y los cambios,
porque no importa ya cuánto andemos
pues siempre nos quedamos en el mismo lugar.
Yo escribo por gusto, por odio,
por risas, por olvidos;
escribo por ti, por mí y por nombres que ya fueron;
yo escribo por llorar y escribo por amor.
También lo hago por todo y por nada;
escribo porque puedo y porque no puedo, carajo.
Porque hay palabras que son exactas,
esperando a que las ame
y porque hay otras que no me quieren
y no me dejan escribir nunca;
y al final solo escribo
porque tu nombre siempre
me deja escribirle un verso.

Estos versos

Apenas se descuelgan de mi lápiz
te hablan estos versos sin hablarte nunca;
y sin pensarlo, o por gusto a veces,
se me ríen en la cara siempre.
Estos versos tienen algo
como de niños traviesos
que jugaran a una ronda
con sus letras torcidas,
con sus rimas perdidas.
Como un barco enloquecido
navegando madrugadas
sin brújula ni compás;
flotando en el olvido
sin timón ni timonel;
que lo mismo aletean sus palabras
por el sol, por el color,
que por sombras y preguntas, por la puta;
mira que saben, que sé que te vas
y que ellos quedarán
pegados al papel y en silencio,
sin poderme musitar
su susurro escondido,
como de trino extraviado
como errante corazón leve,
como caricia de fantasma y de nada

y se llamara como tú.

Frustración

Como un dromedario
de arena lejana,
o como un ángel cansado
de lo inmenso y la nada,
remontó el vuelo
mi espejo una tarde
a una orilla callada
que no sé dónde está.
Y en ese adiós se perdieron
el patio de la escuela,
los abuelos, las rondas,
y los libros de la infancia.

Y también se perdió mi lápiz;
que llora en tinta azul
unos trazos como versos
que no logro nunca entender.

Informe

...Se me olvidaba contarte
que ayer anduvo
por aquí también la muerte.
Se sentó en tu recuerdo
a fumar impasible
su rancio tabaco
de silencio y de frío.
No quiso escuchar ni
a la esperanza que a veces
descansa en mis libros,
ni quiso tampoco atender
 los trinos de vida
que brotan de estos niños.
Trajinó entre mis libros
con la misma fruición
de un celoso monje recién hecho,
recitó un rosario de nombres idos
como murmullo de oración
y de besos en un ramo
de labios ya muy lejanos.

Estuvo hasta tarde la muerte en mi casa.

Me reordenó los libros,
me congeló las flores,
me guardó la ropa
y se fue por la ventana sin mirarme,
la hija de puta,
sin decirme nada siquiera.

Muerte.
No me engaña.

Yo sé que volverá

porque ayer olvidó
una foto amarillenta
de borroso rostro triste
que no puedo discernir;
y se le quedó también
un lápiz enfermo, que tose tinta
a veces mezclada con versos

cuando se le pone a escribir.

Hay algo de ti

Hay algo de ti
como un desierto ya ido
donde cayera una vez
El Principito perdido.
Hay algo de ti
como de luna y silencio,
como de espera y misterio,
como el lápiz con que escribe
sus palabras con espinas,
sus versos de sal sin sentido
y letras sin sonido;
como ese ajado fantasma terco
que vive en mis espejos
o flota en mis zapatos.

Y porque siempre hay algo de ti,
es que escribo solo y febril
hasta que se agotan
las copas y el papel, carajo;
y entonces callado
me marcho despacio,
como herido en la batalla,
pues me ha dado este lápiz
a traición una estocada
y sangra su tinta
mi corazón.

Hábitos

Yo y mi sombra hacemos cosas
de las que la gente
—creo yo, señores—
se ríe a escondidas:
esperamos, por ejemplo,
silbando tranquilos un tranvía de niebla
y calendario empolvado
que no pasa nunca;
o brindamos callados,
como secreto de novia,
por los pasos perdidos
en madrugadas heladas
de bares marchitos
y nostalgia inmigrante
de impotencia 'ilegal'.
También escribimos,
de vez en cuando por cierto,
cartas de amor y silencio obcecado
por los sueños no habidos,
por palabras ya idas,
por las cosas de siempre,
por las manos amigas,
por tus labios de vértigo
por los besos de olvido
que se fueron a jugar
con mis otras memorias
a la orilla del mar.

Definición

La locura, madre,
es un quedarse a solas
al final de una fiesta
e insistir en un valse
un, dos, tres, un, dos, tres
con fantasmas de luna
y con sombras de nada.
Es un diálogo solo
"hola, tanto tiempo"
con vasos de voces
en los whiskies sin hielo.

La locura, madre,
es llenar los espejos
con obtusas ojeras
y es regar los floreros
con versos ya borrados.
La locura es mascarse
los dedos ante un gato
y horadar una biblia
como quien monda fruta
a la luz del verano.

La locura, madre,
es sacar a pasear
mi cadáver por la tarde
a que cuente palomas,
a que alimente recuerdos
mientras tomamos
el sol en el parque.

Definición II

La vida es como irse
muriendo de a poquito
en las tardes estragadas
de oficinas y de nada;
la vida es como irse
muriendo de a poquito
por los recuerdos que hablan
sus voces de nostalgia
en los patios de la infancia
y en las calles nunca andadas.
Es como si pasara
caminando calle arriba
un silencio muy profundo
de gargantas ateridas por las horas del vacío.

También la vida es
esperar a esos niños que
me alegran con su risa,
o a la voz de consuelo
que brota de tu boca;
que la vida solo es llegar
al beso final, de silencio y de frío,
con que saluda la muerte
con sus labios de olvido.

De mi propiedad

Tengo, señores, un espejo raro
que solo se ríe cuando hay que llorar,
o también a veces llora sin querer.
Es un espejo enfermo que no ha aprendido
ni hablar la lengua con la que pasa el tiempo,
o a soñar los sueños con que sueñan los años,
ni a ganarle partidas de ajedrez
al fantasma que flota en mi café.

Hoy anduvo ese espejo por mis cosas;
y sin mirarme siquiera
se puso en silencio a borrar
lo que te había escrito al amanecer.

Antes de irse, y siempre sin hablar,
me alcanzó una mueca y una copa
y como si supiera que un verso
yo te iba a escribir, me dejó también
un lápiz, que solo habla a veces
y en lengua de tinta, ginebra y soledad.

Recapitulación

A mi edad, dicen, no me puedo confundir
con estas cosas que se sienten.
Que no puedo pretender, me dicen,
que me lo van a perdonar todo,
que para eso soy poeta, carajo.

Que estas crisis, dicen, vienen con la edad,
y con la edad se van también.

Que no pasa nada, dicen, que no me preocupe.

A mi edad, sin embargo,
yo sé que algo pasa.

¿De qué otro modo yo explico, dime por favor,
el grito horrible de un minutero
que maldice en el reloj?
¿O el que hacen las palabras
condenadas a vagar
en esos versos de amor
que yo nunca escribí?

¿O qué hay, por favor santo dios
(aunque no creo en él)
de la sombra de mi sombra
que se esconde en mis espejos
y al acecho me lanza
al rostro y a plena traición
las horas y recuerdos
que pesan un montón?

 si no fuera porque en verdad yo sé
que a mi edad algo pasa, carajo,
¿cómo explico yo, por la virgen santa, entonces

(tampoco creo en ella),
que justo ahora, fíjate tú,
cuando debiera ya saber
borrar los nombres del rincón
y cambiar las memorias del silencio;
o tirar a la tarde y a la nada
los besos nunca habidos
y las caricias que se fueron
justo antes de llegar;
aparecen entonces, fíjate tú,
como si fueran racimo
de un algo que no sé nombrar

solo estos versos tercos,
enhiestos para el tiempo y el olvido.

Poemas enojados (y otros no tanto)

Confesión (con malas palabras)

Lo que más jode de todo esto, fíjate tú,
no son ni los putos años en la cara
que me muestra el espejo
con su jodido insomnio que a veces tiene;
ni son las miradas metiches
de gente que reconviene
porque se especializa
en joder la vida, carajo;
ni siquiera son, te lo juro por la virgen
(aunque, ya saben, no creo en ella),
estos versos de mierda
que se burlan en mi cara;
ni tampoco es la duda siempre fría
que tamborilea cruel y sonriente
con sus dedos en mi ventana.

No.

Lo que más jode, fíjate tú;
y que al mismo tiempo
me hace reír de mí mismo,
por mi madre te lo juro
(en ella sí que creo),
es esa como lechuza tonta,
como jodida sombra absurda,
que vuela por mi alma
y me quiebra las palabras
y me hace balbucear
como un pobre niño viejo
cuando yo te quiero hablar.

Confusión

¿Atenta contra la moral
y las buenas costumbres
decirte que hay un otro
de mí que te quiere?
¿Es ilegal o falta de honradez,
honorables miembros del jurado,
admitir que tu voz me ha calado hondo
sin que al respecto pudiera hacer yo nada?

¿Será deshonesto decir
que, aunque sé que no contestes
—y no contestarás—,
te envío igual versos pendejos
porque me obsesiono al parecer
con las cosas que no están?

Y díganme, por último,
respetables miembros del jurado,
¿a quién carajo le puede importar
que escriba yo estos versos
que ni siquiera puedo explicar?

¿Estará mal?

¿Estará mal que te quiera
escondido entre mis versos
para invocar como idiota
una sonrisa de ti o una palabra,
con esperanza de algo,
con esperanza de nada?
¿Estará mal que no importe
que a nadie le explique, carajo,
esto que siento, o creo que siento,
que me asalta como insomnio a veces
o que escribe estas líneas, otras;
Y que siempre parece estar, siempre,
soñando con tu nombre,
y las caricias de tu voz?

¿Estará mal que no explique
yo a nadie todo esto,
si sé que en el fondo de todo,
de sonrisas, de palabras,
de tiempo compartido,
de esperanzas, de silencios,
y de sombras caprichosas
que vienen y se van;
si sé que estás tú siempre,
que entiendes esta lengua
de sonidos silenciosos,
como caricias en el aire,
como abrazos a la nada,
como versos desvelados
que se escriben y se van?

Preguntas enojadas

¿Cómo carajo hace la vida
y extraviarme brújula y compás?
¿Cómo mierda explico yo
que hay días como hoy,
en que los ángeles sangran
en sus frascos de alcanfor?
¿O que se ríen los limones
que fornican con la sal?
¿Y que hay voces olvidadas
que se empeñan en llorar,
cuando viven en los versos
que yo quiero enterrar?

¿Cómo putas les digo
a los de arriba, a los del cielo,
que si me echaron a andar
por un sendero de serpientes
que no saben perdonar,
que por lo menos me alcance
el nombre de mis niños
para calmar el dolor?
¿Que yo a los gritos me peleo
con esas voces de antes,
apostadas en los nombres,
en los patios de la infancia,
en los espejos y en la sombra
que prepara mi café?
¿Y si además yo te contara
que, aunque sé que es en vano, mierda,
sigo terco esperando
el tren expreso de la nada
que un día va a rescatar
a mis besos del olvido
y a mis palabras de abortar?

Midlife Crisis (Joaquín Sabina lo explica mejor)

Tiene su gracia, señores, hacerse mayor.

Como luciérnagas de verano,
llegan las canas, por ejemplo,
con nobleza y en silencio
a blanquear sigilosas
la cabeza fantasma
que habita en mis espejos.
Juguetonas y traviesas, también por ejemplo,
se aparecen a mi puerta
respuestas esquivas
que siempre invoqué;
y asientan mejor, señores, los versos,
los jardines, las palabras
y las memorias de contar.
Y además, señores, saben mejor
el alcohol y el café;
pues se beben con la calma
que los años solo pueden traer.
Mientras se oye el gorjeo
del parlotear de los míos,
como aves para siempre
posadas en las ramas
que en silencio crecieron
en mi alma y con el tiempo.

Por otra parte, damas y caballeros,
la gente me trata con respeto
y parece escucharme siempre;
y, en general, después de intervenir,
me queda un sabor en la boca
como a de besos sabios,
como a de experiencia labrada

al galope de las madrugadas.

Sí, señores míos.
Tiene su gracia hacerse mayor.

Pero también es jodido envejecer.

No solo son las canas, hijas de puta
que aparecen cada día,
también son las arrugas
y son los olvidos;
y hay más preocupaciones
y hay más sonidos
y hay más temblores
y hay dudas salvajes
que me ensartan insolentes
entre la espada y la pared,
y no esperan respuesta alguna,
pues no solo saben
que éstas no las hay, sino
que en la cara se me ríen
con sombras y dolores,
jodidamente reales
(o imaginados);

y uno mira confundido
a la gente que es más joven,
como preguntándose qué pasa,
pero ella, claro, no entiende un carajo;
y solo entonces me queda, señores míos, concluir
que se me quedó una puerta abierta
en algún lugar y se colaron de improviso
los años de un sopetón.

Se va, también, por la puta,
cayendo el pelo y los recuerdos,

se va ganando peso,
se va perdiendo ilusión;
hay partes del cuerpo
que antes ni existían
y ahora se empeñan en molestar.

Y ni hablar del corazón, damas y caballeros.
Al menos del mío.

Que tiene un lado entero
que solo parece latir
con pétalos de sal,
mientras contigo intenta,
aunque tarde, lo sé,
algo como amor risible,
absurdo e infantil
como en pantalones cortos,
para un viejo Peter Pan.

Preguntas enojadas II

¿Por qué será, amables lectores,
que esto que siento es tan jodido?
¿Por qué será que cuando
me golpea a la puerta
me vuelvo tan pendejo
que le voy a abrir
pero eso que he sentido
hace rato ya que no está?

¿Por qué será que me lo encuentro
cuando no lo busco
o se va corriendo el cabrón
cuando más lo necesito yo?
¿Quién le dijo a eso que por ti siento,
por la santísima virgen
(aunque, ya saben, no creo en ella)
que soy capaz de aguantar
los golpes jodidos que me da?
¿Quién le dijo a eso que por ti siento,
por todos los santos
(tampoco creo en ellos),
que tengo la entera jodida puta vida
para jugar a sus juegos
sin ponerme a llorar?
¿Y quién le dijo a eso que por ti siento,
por Diosito santo
(a veces creo en él),
que yo puedo pretender
que no sueño con tu voz
en el rumor del tiempo
y del otoño en mi papel?

Al final, señores míos,
me traiciona esto

que siento por ti.

Que a la edad que tengo,
¡imagínense, por favor!,
me falta el respeto, cabrón;
se burla de mí y sin consideración
me entierra unos versos,
llenos de ti,

en el corazón.

Dudas honestas

Decirte que me gustas, carajo,
¿me hace un viejo verde?
Decirte que me gusta
el misterio que tienes
de lo que no puede ser,
¿me hace un viejo verde?

Sin ánimos de escandalizar, por la virgen santa,
¿puedo decir que tus palabras
me suenan siempre
como a un canto antiguo
de vibrante alivio,
de buscado perdón?

Con la misma sana intención
de nunca ofender, por la mierda,
¿puedo mirarte a los ojos
y decirte que te quiero?
¿Que lo mío es pueril, ya lo sé;
apenas un necio intento
(bien pendejo, en realidad)
por borrar lo imborrable
que se ve entre tú y yo?

¿Atentan estos versos,
finalmente, digo yo,
contra la moral y las buenas costumbres
si yo ya sé que todo es absurdo,
y que a ese otro Bernardo
que vive en mí y los escribe
no hay versos en el mundo
que lo puedan curar?

Preguntas enojadas III

Me asaltan preguntas, amables lectores,
que la gente oye y no se ríe por pudor:

¿Habrá algo, me digo, más tonto
que envejecer sin delicadeza
entre la espada y la pared,
mientras los cuervos gotean del alma
callada tantas veces
y gastada de olvidar?

¿Y habrá algo, también pregunto,
más nimio o más pueril, señores,
que estas palabras que encienden
un verso y una burla
con el soplo de tu nombre,
con el toque de tu voz?

¿Y habrá, además, algo
más juguetón, más doloroso
que el que se rían de mí el espejo,
los libros, el café y el lápiz
en cada luna de abril?

¿Y habrá, por último, señores,
en las tardes grises de la nada,
algo más cabrón, Dios mío,
que al final entender
que, después de todo,
que con o sin equipaje,
y pagado ya el importe,
se detendrá a recogerme
un tren fantasma que pase
con rumbo a la nada,
estación terminal?

Más preguntas (enojadas o no)

¿Por qué esta costumbre, dime por favor,
de cargar sombras y recuerdos
envueltos de palabras y de versos
enfermos de un no-sé-qué eterno?

¿Y por qué intento, por la grandísima puta,
conversar siempre con nadie,
sordo en esta lengua ciega en que porfío?

¿Y por qué tengo yo,
que alguien diga por favor,
insistir como un quijote
contra molinos de viento
y cargar invocando incansable tu nombre
contra aquello que nunca nadie más ve?

Y por último dime tú,
por lo que más quieras, te lo ruego,
¿qué enciclopedia me explica
el acoso éste, como niebla sin nombre,
que en mi alma a veces se asienta
cuando me habla tu voz tranquila
o sonríe tu mirada un silencio
que yo no puedo entender?

Aftermath

a Las Vegas, Nevada.
a Puerto Rico.

Se escaparon las balas
en la tierra de Dios
y desgarraron los pechos,
las risas, las flores
los vientos de Dios.
Se encienden vigilias,
se encienden alarmas;
y es vano que limpien la sangre,
y es vano que limpien el barro
porque la muerte grita,
cabalgando en las balas,
cabalgando en el viento
su grito asqueroso
del metal y del odio.
Y se mueren las flores
y se aplastan los sueños
y se apagan las aves
y se burla un donaldo
en la tierra de Dios.

Pedido

No quiero, madre mía,
que me vean cojeando
en los versos y sonrisas.
Por Dios santo, señores,
no quiero que se sepa
que de noche yo toso
alquitrán con los nombres
mezclados con olvido;
o que me han desahuciado
de los sueños de la infancia;
ni quiero que se sepa
que me asaltan los libros
cargados de un insomnio
e incapaces de aliviarme
el pan y los zapatos.
No quiero que murmuren,
madre mía te lo pido,
que he perdido el rumbo,
o que "en los parques las palomas
ya no hablan conmigo",
o que se han secado, carajo,
las caricias de mis manos.

Si de noche yo mastico
las monedas de la luna,
o si a mis niños les susurro
los secretos del olvido,
no es asunto de nadie, mierda;
más que mío, señor juez,

con perdón.

Y por último,
les digo a todos que me iré.

Que saldré temprano en la mañana,
antes que el cantar de las sirenas,
a la tierra de Sansueña.
A jugar con las voces
de las cosas que pasaron
y a inventarme para mí
a un pirata o a un caballero,
que cabalgue tempestades,
coronado por la sal
y por el misterio de palabras
que se niegan a nacer.

Definición III

El amor es traicionero.

Tiene muchas caras, muchos nombres,
mucha lana para hilar.

Es de agua dulce y es de mar,
es ruidoso y es sutil,
es callado y hablador;
se duerme a veces tranquilo,
bajo la luna y el pinar,
o escribe versos febriles
hasta el amanecer.

El amor vive en los libros,
en los patios de la escuela
o en los parques del otoño.
Deja siempre en claro éste
que tiene toda forma y color;
cabe en todos los lugares,
en la historia, en los adioses
de las cartas de mamá.

Es un travieso el jodido,
pues se ha logrado asomar
un poquito en estos versos
que yo escribo para ti.

Preguntas honestas

¿Hasta cuándo voy a vivir
en este "boulevard de los sueños rotos",
donde hablan sin entenderse
los versos con la luna,
las flores con la sal
y el silencio con el mar?
¿Hasta cuándo voy a insistir
en golpear puertas cerradas,
en pedirles besos a fantasmas,
o en conversar con esas voces
que ni siquiera sé si están?
¿Hasta cuándo, por Dios santo,
sigo excavando febril
en los pozos de la nada,
buscando yacimientos
de amores nunca habidos?
¿Y hasta cuando, dime tú, hasta cuándo
sigo pretendiendo que tu nombre
no le ha hecho nada a mi alma
o que estos versos no se enredan
porque no saben ya
qué hacer con tu voz?

Visita (mal educada)

A mi sala llegó en silencio
la nostalgia esta tarde.
Seguro que vino
por las cosas que no han sido,
por las que no serán
y por los años que vinieron,
por los años que se van.

Se sentó quieta, callada,
sin mirarme siquiera, la mal educada.

Al rato, trajinó por mis libros,
escarbó mis cajones
y entonces, figúrate tú,
sin la más mínima consideración
se cagó en mis recuerdos,
pues se ha reído sin rubor
de algunos versos míos
que miraban sin entender
la insolencia de la nada
y su cara se olvidar.

No le importó a la hija de puta
ni el llanto de las uvas,
ni el lamento de los sueños,
ni el grito de las cosas
espantadas de mi casa,
que de la nostalgia precisamente
no quieren saber nada;
y que me han sabido amar
sin preguntarme nada nunca,
sin pedirme nunca nada.

Y se fue al fin la nostalgia de noche.

Se descolgó de mi whiskey a la ventana
y se perdió en un cielo
lleno de estrellas y vacío.

Se fue sin despedirse,
ni ofrecerme la mejilla;
dejando en mi sala
sollozos de ausencia,
sombras fantasmas
y otros recuerdos vagos
que no me atrevo a nombrar;
mientras este lápiz mío
se quejaba con los trazos
de una tinta triste,
con palabras escritas
con fonemas de silencio,
y en la lengua de los versos
que se anotan

y se van.

God Bless America

En el "home of the brave"
y en la "land of the free"
hay libertad de matar
pero no de morir.

Se asiste a un concierto
y la música comulga,
se puede matar.
Se sale a caminar
de la mano con alguien,
se puede matar.
Se asiste a un café,
y comulga la amistad,
se puede matar.
Se asiste a una iglesia
y se comulga con Dios,
se puede matar.

No se puede fumar,
no se puede abortar,
la eutanasia no existe,
el suicidio es criminal.

Pero se puede matar.

En la tierra de Dios,
miembro activo de la NRA,
hay libertad de matar,
pero no de morir.

Hollywood prohíbe, por ejemplo,
que mueran los good guys.
Pero en la "land of the free",
en el "home of the brave",

matan a los niños,
matan a los negros
y hay pena de muerte
para el musulmán.

Matan en el muro
a algún mexicano,
a algún papá o hijo,
a algún hermano.

Se mata por matar.

Porque hay libertad de matar
pero no de morir
"in the land of the free,"
"in the home of the brave."

Algunas cosas más de mi sombra

Mi sombra y yo seguimos
haciendo cosas, señores,
de las que la gente, ya lo he dicho,
se ríe siempre a escondidas, carajo:

Nos metemos a los bares
cerrados del olvido
y brindamos callados,
como secreto de novia,
por los pasos perdidos
en madrugadas heladas
y en distancia apuñalada
por nostalgia inmigrante
e "ilegal" en la impotencia.
También escribimos, (como ya lo dije),
muy de vez en cuando por cierto,
cartas de amor y silencio obcecados
por sueños que no han sido,
por amigos que se han ido
y por palabras que nunca
han querido volar;
por la mierda de siempre,
por el vértigo en tus labios,
por tu voz del olvido
en las caricias ya idas
que se fueron a jugar (como ya lo he dicho)
con mis otras memorias
a la orilla del mar.

Otras preguntas enojadas

Juro que no molesto más,
que estas cosas mías
joden mucho, ya lo sé.
Pero es que, en serio,
díganme ustedes,
ahí, tan cómodamente sentados,
¿cómo diablos se hace
para cargar estas sombras sin nombre,
y las otras con nombre también,
y llevarlas por la vida
con la cara en alto
sin que nadie se ría
o me mire mal?

¿Cómo carajos hago ahora
para borrar los llantos de la noche
y el grito de este verso
que se ahoga en mi café?

¿Cómo mierda les digo yo,
más encima en mi inglés con acento,
a los celosos guardias
de la aduana de la vida
que no puedo mostrarles este bolso
que cargo ya por años,
porque lo cerraron memorias
que no quieren abrir;
o tal vez solo cargo en el bolso
el sabor extraño que me ha dejado
medio siglo de vida en la boca
que me recuerda los abrazos
y besos que nunca te dí
y en los que no quiero volver a pensar?

Recuento (por cadena nacional de radio y televisión)

Chile, año 1973.

Aquí, señores, no pasa nada
porque a todos los libros
y gargantas silenciadas;
a todas las calles
y memorias del tiempo;
a las risas colgadas
de la espera y de la angustia;
y a los nombres borrados
por uniformes y por sombras,
se les unta un "¡alto!",
un pequeño,
un cabrón punto final.

Casi nada.

Un desprecio de escarcha,
de milico callado,
de celoso guardia
apostado en la esquina
con medallas del desprecio,
como puto que obedece
con metralla en el alma.

Como besa la muerte
su beso de hielo y se olvida.

Y aquí, señores, no ha pasado nada.

Retiro lo dicho en el día del pavo

Retiro lo que he dicho,
pues nunca he dicho nada.

No he hablado de sombras,
ni de cuervos insomnes,
ni de marchitos recuerdos,
ni de versos perdidos,
ni de ausencias de lo que ha sido,
ni nada de nada, carajo.

Desmiento lo que he dicho.

Santa Claus sí existe,
como existe el Paraíso
y es bueno comer pavo en noviembre
y dar las gracias siempre
porque el mundo está mejor,
porque sobra la alegría
y se borra la tristeza.

No hay niños con hambre,
ni hay hombres que lloren,
ni hay mujeres muertas
solo porque son mujeres, carajo.
No hay ricos que sean más ricos
porque tampoco hay pobres
que sean más pobres;
ni hay presidentes que mientan,
ni hay lujuria en religiosos,
ni hay humanos ilegales
(quién inventó esa mierda).
Tampoco hay ni un sistema
en que el valor de alguien
se mida por su credo,

se crea por su lengua
o se vea por su piel.

En fin, que no existe la violencia
y pronto ya nos llega
la noche de paz, noche de amor.

Pues sí, señores míos:
retiro todo lo dicho,
que todo está muy bien.

Y estoy tan seguro de eso
como también estoy seguro
de que ya olvidé tu nombre,
de que que no pienso más en ti.

                        Chicago, noviembre de 2017

Poemas para ti, para ellos, para nadie
(le gusten o le molesten a quien le gusten o le molesten)

Instancias (presentes y pasadas) (Con un final conocido)

Hay arrugas que no se ven,
que agrietan las horas y el alma
y reptan calladas por los versos
(los escritos por el tiempo,
los marchitos del olvido).
Hay grietas profundas
que hacen los años,
en los días y en el alma,
donde se desbocan burlonas
las voces del silencio
que no nombran pero apuntan,
que no perdonan sino acusan;
Y hay sonrisas extraviadas
que lloran sin consuelo
por madrugadas perdidas
y por tardes del olvido;
y hay los adioses a nadie
en estaciones vacías
y hay las caricias que se han ido
en los besos que no fueron
y hay los versos estampados
en cuadernos del insomnio
por una tinta que desangra
mi corazón que de niño
es aprendiz de Quijote
es sombra de poeta.

Y también hay esta tarde,
en el alma y en las calles,
que se cae del otoño
a los árboles de un parque
amarillo y con niños.

Esta tarde que me mira

como sombra confundida,
pues intento no escribir
que tu nombre, compañera,
salta siempre a mis palabras
empeñadas en callar
la certeza extraña de escribir
algo que no debiera ser,
algo que me hace mal.

Que tal vez nunca leerás.

La certeza extraña de escribir
que yo sé que te irás lejos tú
y que estos versos también serán
los últimos que te escriba yo.

Paseo de domingo

Seguro que ni sabes
que, como anunciaron lluvia,
hoy tomé el paraguas
y me fui al parque
a caminar con tu nombre.

Contamos las hojas
que la muerte roba amarilla
al otoño cada año;
nos compramos un café,
lo sorbimos en silencio,
nos guarecimos de la lluvia
y al amainar ella
te invoqué en un verso yo;
y sobre un banco, callados,
conversamos sin hablar.

Chicago, noviembre de 2017.

Costumbres

Tenemos la manía a veces,
tu nombre y yo,
de salir a caminar,
ponernos a hablar
y tomarnos un café;
o contamos con disimulo
las hojas del otoño
y nos confiamos las memorias
de vidas imaginadas
y nos ponemos a reír
de las cosas que ya fueron
y de las que no son.

Hasta que la gente nos mira,
porque ella siempre mira, carajo;
y es justo en ese entonces
que yo caigo en la cuenta
que estoy hablando solo
y me duele tener que aceptar
que he quedado mal
conmigo mismo otra vez,
porque sé muy bien
que esto no puede ser;
que a mi edad, señores míos,
no se puede ya creer
ni en las promesas de miel
que se descuelgan de los versos,
ni en los trinos de inocencia
de los amores soñados,
ni en las caricias a nadie
que traza el lápiz mío,
ni en nada de nada, carajo.

Y por último está,
amables testigos de aire,
la muy simple razón
de que mil veces van ya
que me he prometido yo
no pensar más en ti.

Días como hoy

Hay días como hoy,
cuando enferma el otoño
de amarillo grave a las hojas,
en los que mi sombra y yo
nos vamos a pasear,
de pendejos a joder.

Caminamos despacio
y repitiendo versos
nos crepitan los momentos
cuando pisamos las hojas
como quien pisa recuerdos.
Contamos las sombras
 que al oído nos hablan,
 o pateamos simples piedras
 de nostalgia y de nada.

Hay días como hoy,
en los que a mi sombra y a mí
nos da por beber un café
y hablar a nadie del olvido
y de una espera interminable
por un algo que no sé,
como si fuera algún amor
que un día vino y se fue.

Hay días como hoy,
en los que a mi sombra y a mí
nos da por beber un café
y hablar a nadie del olvido
y de una espera interminable
por un algo que no sé,
y de unos años jodidos
que también llegaron

y se fueron sigilosos.

Hay días como hoy,
cuando gotea la lluvia
un poema en mis cristales
y salpica tu nombre
sus letras en mis versos,
cuando sueñan con palabras
que no te han sabido nunca hablar.

En la espera

El sol y yo te esperamos
un domingo de tarde;
y para matar el tiempo
contamos las hojas caídas,
compartimos un café,
revivimos viejas memorias
y nos reímos de nosotros.

Un domingo de tarde
el sol y yo te esperamos.
Y para matar el tiempo
conversamos de todo,
hasta hicimos planes:
qué decirte y qué no
cuando llegaras.
Un domingo de tarde
el sol y yo
como pendejos te esperamos

pero no llegaste.

Brindis

Me voy a preparar
una copa de versos con sal
y tal vez acompañarla
con un poco de queso de recuerdos
o aceitunas de no-poder-ser;
me voy a sentar entonces
sobre el sillón de la tarde
y con la sombra pendeja y fiel
que habita en mis espejos,
brindaremos a tu salud.

En la segunda copa
yo seguro que le cuento
que contigo yerro un camino,
un camino burlón y errante,
que ni siquiera sé si está
porque no sé qué rumbo busco
sin mapa ni compás.

Volveremos a brindar,
otra vez a tu salud,
y yo seguro le diré
que todo es por mi edad,
que si nunca supe pensar
pues menos ahora,
que a quién quiero engañar.

Alzaré otra copa aun
y le voy a decir a esa sombra
que oye junto a mí
que contigo soy absurdo,
que no te puedo querer, carajo.

Pero tal vez te quiero, le diré.

Que mejor no te escribo más,
le diré.

Volveré a alzar la copa
y beberá también mi sombra;
y, desde el fondo del espejo,
estoy seguro que me mira

y seguro estoy también
que esa hija de puta
se ríe de mí.

                                        Chicago, noviembre, 2017.

Invitación

En mi casa crece un árbol
que a veces tiene algo
de naranjas y poemas;
y también hay un sillón
donde suele sentarse
a sollozar el domingo,
y hay un espejo que le huye a la muerte
y hay un estante para el otoño
y hay un florero con un ángel de nada
y hay un paraguas y hay un diploma
y un pájaro azul de la madrugada;
y a esta casa mía, inundada por la espuma
y donde hablan los libros con la sal y con la luna,
llegaste con tus manos de mañana fresca
y con las gotas de miel de tus palabras.

No te vayas ahora de mi casa,
acomoda tus sonrisas una por una,
y que se limpien con tu voz
todos mis cuartos;
cuelga tus caricias en mi armario,
y arranca con tu boca
los versos de mi árbol
de naranjas y poemas.

Autorretrato

Yo, que me batí a duelo un día
con la luna más rápida del olvido,
sin más testigos que una copa triste
y de obstinado silencio;
yo, que he navegado terco
por un mar de sargazos
y de palabras muertas,
sin más timón que el llanto
de un lápiz extraviado
en los páramos de un verso;
yo, que ya he explorado tanto
los caminos en ruinas y ocultos
de más de un imperio antiguo
que en mapas no figuran.
No soy más ahora
que un argonauta insomne,
no soy más ahora
que una gaviota triste
que buscara una orilla ciega,
borrada ya hace tanto.
No soy más ahora
que una callada sombra,
me cago en la puta;
un vagabundo aprendiz de poeta
que mendigara las monedas
de tu voz imborrable,
y mirada sin mirarme.

A tu memoria

a A.M.R.

Hay un pedazo de lejano silencio,
como viento en la estepa
de una azul Patagonia en mi alma,
que a veces tiene algo de un niño
como verso sin nombre,
como estela en el mar.

Y a ese rincón, casi nada,
que sabe callar y no-ser,
suele a veces llegar
tu memoria con la brisa,
como espuma del mar,
como pradera y canción,
como bosque y frescor.
Y sabe tu risa curar
estas grietas tan mías,
hechas de años y olvidos
y de algo intranquilo y sin forma
en donde aletea tu nombre
como un ángel travieso
de sombra y caricia,
que sonríe un enigma
pues sabe el cabrón que sé
que tú estás aquí

 pero no estás.

Ruego

a Marta Irma Hortensia Lucero Bustos

Acude madre, te pido;
que mi casa está enferma.
Gotea su techo un poco de luna
y temblando al jardín le suda una sal;
yo no sé qué lloran callados sus muebles,
ni entiendo su olor a escarcha y cristal.
¿Qué tiene su piso que se tuerce en la lluvia?
¿Qué sus ventanas que no quieren mirar?
¿Qué fiebre sus puertas a insomnios entorna,
a un patio de inviernos sin frutas ni mar?
Se le han desprendido todas las aves
y en todos sus cuartos le duele el color.
Madre, a tu hijo se le muere esta casa,
en todos sus muros se queja una flor;
y sentada en la sala solloza la muerte
su lágrima lenta de réquiem final…

…Mi casa, madre, se encuentra enferma
y tú te tardas en llegar;
mi casa requiere tu falda, tus manos;
arrúllala pronto, como antes mi cuna
y quizás sólo entonces se pueda curar.

Desde un studio en Chicago

Otoño.

Los polacos de arriba ríen
o riñen (quién sabe);
la hindú de abajo cocina
o medita (no lo sé);
se oye una ranchera
en algún lugar;
los güeros de al lado
pasan sin hablar
(nunca hablan con nadie)
y mi puerta sigue abierta.

Por si volvieras.

Gardel gira incansable
entre verso y ginebra.

Al domingo y al otoño espío:
ya han asperjado de hojas
mi calle y la tarde entera.

Resolución de Año Nuevo

Primero de enero
del año que sea.

Este nuevo año voy a jugar limpio,
y, sincero, intentar una caricia
a la sombra que habita mis espejos
o a los versos que se mueren al nacer;
y escribir cartas sin borrones
a la lista de nombres que no recuerdo
y a la de rostros que no olvidé, carajo.

Intentaré también perdonar
a ese fantasma extraño
que me sigue desde niño
y que a veces se llama como yo;
y perdonarme también yo, por pendejo;
por las palabras que te dije sin decirlas
y por las que nunca te dije al decirlas.

Vaya, pues, mi resolución
por ese otro yo que vive en mí,
al que siempre le da por escribir
porque no sabe juntar otoños
ni sabe hacerse mayor.
Ese otro idiota que vive en mí,
a quien le duele algo todavía
como un verso o una sombra,
o como un beso imaginado
que naciera de tu nombre
y que hablara con tu voz.

Poema para dos deseos

To my Heritage Speaker students

Primer deseo:

Que a ustedes nunca
los atrape la vida
en sus juegos torcidos
de otoños y olvidos;
ni en sus planes burlones
de espejos y nieblas.
Que nunca les cierren
las puertas abiertas
de amor y esperanza,
que solo son ustedes
quienes las saben cruzar.

Segundo deseo:

Que no olvide yo nunca
esa lista que tengo,
como al descuido anotada,
con esas tantas cosas
que no he sabido nombrar,
trazada con letras,
y palabras secretas
que muy pocas veces
se dejan leer.
En esa lista yo tengo
la imagen de ustedes
llevando sus nombres
de esperanza y de sonrisa;
en esa lista yo tengo
la imagen de ustedes,
cargando sus bolsos
de libros y paz.

Nebraska

a Maggie

Como un triste fantasma
de sombra y nostalgia
que flota en estepas tan lejos del mar;
como eternas praderas de brisa y de hierba,
de tribus lanzadas a galopes sin nombre
y bisontes lanzados a un olvido sin fin.

Nebraska callada se niega al olvido:
tundras inmensas de vida y silencio,
en las voces, en los sueños,
en las risas de los niños
y en los versos que cantan
su tiempo y su nada.

Que a veces mi alma
alcanza a entender

Una lista

…y ese fantasma de siempre,
el que terco habita en mis espejos,
el que me busca de noche ciego
entre versos de alcohol y de nada,
el que escribe sus palabras
tan llenas de sombras y a veces de sol
me ha dado una lista
de lo que vas a dejar
cuando ya no estés aquí:

Me va a quedar un gusto
como a flores se sal en la boca,
como a triste lengua de luna,
como a versos que flotan en los parques
donde corren los niños y el otoño.

Cuando te vayas me quedará
la sombra también de algo
que apenas vino y se fue;
de un algo callado y sin nombre
que llegó pero sin nunca llegar;
como un verso dejado a medias,
que no encuentra razón para ser,
como si esperara de noche en la estación
a un expreso que no ha de llegar.

Me quedará un recuerdo de algo,
que me hablaba sin hablar,
que yo no supe nunca entender.

Y de estos últimos días
también me quedará
un par de cafés, cargados de ti;
un par de silencios que saben a adiós

y un par de sonrisas que se van a borrar
como estos versos escritos aquí,
que son como un algo hecho
con huecas palabras y con sombras;
como ligera,
como una leve caricia
que se llamara como tú.

Mal estudiante

Yo, que debiera ya saber
cómo navegar las aguas ariscas
del insomnio y la espera;
yo, que debiera ya saber
cómo recorrer los sinuosos senderos
del amor y sus riscos;
y que debiera ya saber
cómo dominar la lengua impasible
con que pasan los años, carajo,
me basta tan solo
que trace mi lápiz
tu nombre callado;
o creerte sonriendo en el caos sutil
de las hojas caídas,
para sentir, como un niño en la escuela,
que pierdo la brújula
y extravío el compás;
y que me tiembla en los versos
como pendeja el alma
al escucharte hablar.

                              Chicago, otoño, 2017.

Testamento

Al fantasma que habita
en los espejos del tiempo;
al azogue de olvido
con el que vibra mi voz;
al tic-tac de las gotas
de la lluvia y la sal;
a la sombra imborrable
de lo que nunca ocurrió;
a esas cuatro voces chicas
que llevo en el alma fijas
y al mar que baña lejos,
tan lejos, Dios mío,
a mi infancia estancada
en las tardes borradas
de esos juegos que se han ido.

A todos ellos
(y a los tantos que no nombro)
les dejo aquí algo escrito,
como un poema que brotara
de palabras incapaces
y sonrisas manchadas
de recuerdos y de nada.
Un poema que yo ignorara
su cómo vino y que estuviera
escrito apenas como un trazo
con tu nombre y con tu adiós.

Canción resignada
a Inti, a Leaf, a Rain y a Juniper

Hay un país hermoso
al que ya no puedo entrar;
con sus playas y sus bosques
y montañas sin tocar;
en donde charlan con amor
animales con la luna
y los duendes con el mar.
Y en ese país hermoso
hay también oculto
un castillo de cristal
en donde vela un dragón
a los pies de la princesa
o habla con las hadas
una lengua que olvidé.
Y de ese país de ensueño,
al que ya no puedo entrar,
me llega un rumor a veces
escondido entre las voces
de Inti, de Leaf,
de Juniper y Rain;
que hablan ellos esa lengua
que hace años olvidé.
Era frágil y de magia,
con canciones de color,
como es el país de ellos
al que ya no puedo entrar.

Planes

Un día de estos voy a limpiar
los rincones de mi vida,
voy a desempolvar las memorias
y volverlas a acomodar.
Me pondré a sacudir también
dormidos libros sin leer
e insomnes nombres sin decir;
quitaré también el polvo acumulado
de esos versos del montón
que se quedaron solo
siempre a medio escribir.
Voy a abrir al fin las ventanas
y dejar entonces que entre el sol
y que venga a oxigenar un aire puro
ocultas cosas que no voy a nombrar.

Me temo, señores, sin embargo,
que hay algo que nada va a limpiar:
es que al volcar mi café en tu nombre
ya no podrán salir del fondo,
que se me ha quedado el alma
con manchas de soledad.

Tu nombre

Sucede que otra vez
tu nombre se ha metido
a aletear entre mis cosas.
Aparece de repente,
por descuido en las mañanas y
se baña en mi café;
juega entre los libros,
susurrando a mi oído
con palabras nuevas
una lengua de color;
y de noche y sin hablar,
se duerme sigiloso
enredado de versos,
de una frágil espera
y de un algo más también.
Tu nombre tiene algo
como de sombra traviesa,
como paisaje no andado,
como de luz y calor.
Tu nombre se parece
a un fantasma extraviado
en una estación cancelada,
cerrada hace años
y debiera ya no estar

pero está.

Cosas de mi sombra (otra vez)

Mi sombra vive cosas
de las que la gente,
creo yo, señores,
se ríe a escondidas.
Insiste, por ejemplo,
en esperar silbando
para abordar a diario
el expreso del olvido,
aunque hace tiempo que ha partido.
Le da también, señores,
por beberse las palabras
del silencio de mis versos;
por ponerse a masticar
las monedas de la luna,
por ponerse a enumerar
las caricias del dolor
de los nombres que han partido.
Y justo ahora, señores,
a esta altura de mi vida,
cuando había organizado por fin
las nieblas del ropero,
los relojes del olvido
y las memorias del rincón,
viene esta sombra mía
y con un golpe certero,
como de espera y silencio,
como de susurro y de calma;
con intención y lenta,
como secreto certero,
como golpe infantil
me asesta un verso

con tu nombre
al corazón.

Últimos versos (con final conocido) (Otra vez)

Me hace mal escribir esto,
sin astrolabio ni compás,
sin timón ni timonel.
Me hace mal también creer
que vas a leer esto tú,
si yo lo escribo a ciegas
y sin saber muy bien
el cómo te quiero o el cómo no.
Y me hace mal además,
pensar que me vas a oír
porque sé muy bien que no,
que todo esto es absurdo y pueril,
pues imagino cosas que no hay
y que veo cosas que no están.

Sí, lo sé.
Guarda tu explicación.

Yo ya he andado los caminos
y ya sé de qué va esto;
me asalta la voz del silencio
en palabras que no nacen
porque no les toca nacer
y me tiran madrugadas al alma
que se apilan de a montón.
Se me ríe el espejo a carcajadas
y aletea el olvido en un rincón,
mientras terco sueño tu voz
que unge labios y caricias,
que solo viven en papel
y ni por un solo instante más
que el tiempo que tomo yo
en escribir palabras aquí.

Palabras que te quieren, es verdad;
pero a mí me hacen mal
y serán estos versos, compañera,
de los primeros que te sueñen ellos
y de los últimos que te escriba yo.

Poemas para los que se han ido (de la vida o no)

¿Adónde?

a Blanca Aurora Joaquina Olmedo Vidal

¿Adónde te llevan, abuela?

¿A qué lugar escondido,
lleno de sombras, silencio,
de nombres escritos
con tinta de olvido?

¿Adónde te llevan, abuela?

Sin una pausa,
sin equipaje,
sin nadie contigo;
por las calles saladas
de un puerto entrañable
de cerros de la infancia,
de recuerdos de olas
y de llantos de espuma.

¿Adónde te llevan, abuela?

Por un callejón oscuro,
al que entraste asustada,
callada y tan sola.

Constancia

a Manuel Jesús Segundo Lucero Reyes

Aquí consta por escrito
que en Valparaíso vomité todo
con la rabia antigua
de sus puertas pobres
y sus lanchas roncas;
y que a punta de balcón y caleta
me embriagué de albatros
con un ángel nuevo
y en la misma espuma navegamos
por las luces tristes de sus cerros ciegos.

Aquí consta por escrito
que tus manos de puerto y ternura
cincelaron en mi ojera
tu nombre, Valparaíso.

Valparaíso, Valparaíso.
Alga y océano.

Valparaíso, Valparaíso.
Sal y memoria.

Valparaíso, Valparaíso.
Voces y espuma.

Viajero huérfano,
cargo en la espalda
las tardes de infancia
en ese puerto viejo
y el jadeo inmenso
con que aceza la muerte,
que abraza a mi abuelo
y que mira hacia el mar.

Mal encuentro
a Pedro Manuel Navia Donoso

Una gaviota gigante llegó a Valparaíso
y flotó sobre los cerros
su graznar enloquecido,
en El Barón en Playa Ancha;
con aullidos, con arcadas,
con un zumbido inexcusable;
por Placeres y Polanco
descolgó balcones y escaleras
con su vómito de plumas,
hasta ovillarse agazapada
en las ebrias madrugadas
de tu puerto envejecido.

Una gaviota callada e inmensa
llegó a Valparaíso.
De plumaje negro en El Membrillo
y alas de escarcha para tu cama;
y era su aliento en tu puerta
una perra enferma al acecho,
un graznido imposible
de todos los peces del puerto
cuando enterró su carcajada
en el centro de tu pecho
la puta muerte, abuelo.

Instancias a dos tiempos

a María Marina Bustos Ormazábal

Valparaíso entonces era
un puerto de gatos y de infancia,
articulado en su azul
ascensor de la esperanza.
Valparaíso entonces era
de volantines y de abuela,
hecha de rondas y de océano,
ligera como espuma de gaviotas,
blanda como alga y caleta.

Y hay otro tiempo acá en Chicago
sostenido, abuela, ignoro cómo
en pauta entera de nostalgia;
y en cuyo tren, en cuyos bares
eructara Valparaíso siempre
sus bemoles de la ausencia,
sin beberse sus corcheas nunca
de escaleras en silencio.

A tu memoria (otra memoria)

Victoria, no pasa nada.

Cargo en los bolsillos
un poco de olvido
y monedas sueltas, como para dar cambio;
y como paloma muerta
a veces, muy a veces,
me pesa en las manos la ausencia de las tuyas.

Victoria, no pasa nada.

De vez en cuando los recuerdos,
vestidos de olvido en el lienzo,
lloran su llanto de óleo y de acuarela.

pa' la que se va

a M.M.G.

…y en un rincón,

              mira que no estorbe,

empaca de estas calles un poco, te pido;
contadoras de tiempo y de graffiti,
cabizbajas sus manos a fuerza de heladas
y ramas ajadas por la ausencia del mar.

Y a escondidas,

              como de contrabando,

confunde en tu bolsa de viaje
la manta más fina que halles
de esta ciudad tejida
en las ruecas del invierno.

Te punzará, lo sé, un poco
como una astilla de escarcha
la nostalgia en tus ojos.
Sacude al sol entonces
estos versos, Magdalena,

              que allá en Montevideo

aletearán su gorjeo en el aire,
como un pájaro nacido
con la esperanza que destila
las risas como frutas
en recuerdos de colores.

Seguridad

a Juan Almazán

¿Adónde te has ido, Juan?
¿A unas costas calladas,
de sombras y brumas
que mecen su espuma al compás de la nada?

¿Adónde te fuiste, Juan amigo?
¿A unas tierras borrosas,
perdidas y lejos
de donde nadie nunca se ha vuelto jamás?

No sé dónde estés, ni qué harás, Juan.

No sé lo que será de tus manos tranquilas
o la caricia de tus palabras
en las heridas de siempre.

Estés donde estés,
no tengas miedo, Juan amigo.

Nunca.

Que aquí te esperamos todos
con Diana que lloraba
pero era entera y valiente;
y las flores del consuelo
del jardín de tu mamá.

No tengas miedo,
te lo pido Juan, nunca.

Que aquí nos dejaste
tu sonrisa en la vida
y en el alma tu tono

de hombre bueno en la voz.

Y esas cosas, Juan amigo,
no se van, no se mueren nunca.

                                            Chicago, julio de 2012.

Confesión compartida

a Sandra Marín

Nos persigue una suerte de Buscadores enfermos,
como faros prendidos a las tinieblas insomnes,
como grillos obcecados en su amor por la luna,
como ángeles marchitos de burlas y olvidos.

Y hay como un otro nuestro que cargamos
y como navegante certero de sombra y silencio
nos acecha paciente hasta las horas más solas
y sabe ocultarse muy bien tras los días.

Tiñe de azul su veneno en los versos
y con trazo mortal escupe una tinta
de palabras enfermas por cosas no habidas;
y versos obtusos, perdidos,
que no pueden nunca volar.

Y entonces siempre parece, siempre,
que ese otro nuestro empuñara
como si fuera un puñal
algún poema que escribiera
o algún verso escrito a nadie
y así, como nada,
lo insertara en el corazón.

Despedida

Te va a extrañar ese otro de mí.

Te va a extrañar el que escribe poemas
con pétalos de sal y de nada,
bajo la sombra más cruel de la luna
o en la brisa más suave del alivio.
Te va a extrañar ese que escribe
estos versos que leen solo las sombras,
que hablan de ti y que hablan de nadie;
versos enfermos que mueren al nacer,
o los borra la noche o el amanecer.

Te va a extrañar ese otro de mí.

El que vive conmigo a veces,
el que no sabe envejecer;
al que no le importa entender,
y mucho menos explicar,
qué espera de tu nombre
justo al borde de la tarde,
cuando deshoja las palabras
que tejen un adiós.

Te va a extrañar ese otro de mí.

El que cuelga de mis tristezas
pero ríe también en los parques
donde juegan los niños
a pintar con el sol las esperanzas,
a soñar de colores un mundo mejor.

Pero, por sobre todo, compañera,
te va a extrañar mucho
ese otro de mí que a su modo,

con palabras de silencio
con memorias del olvido,
como barco que navega
al garete y sin compás,
escribe estos versos
que son para ti,
que no saben mentir,
que te quieren también.

La del estribo (no es la canción)

Carga en tu equipaje, te pido,
tardes de versos y de otoño
en esta ciudad de acero
que no ha podido nunca
acariciar al sol,
ni hablar con el mar.
Lleva contigo también
las horas cargadas
de domingos sin ti dormidos
y repletos de sombras sin llegar.
Y hazle, te pido, un espacio en tu bolso
a esas palabras mías para ti
que al decirlas no las dije
o si las dije no lo eran.
Palabras éstas que te van a extrañar
y que solo parecen vivir
en este inútil verso mío
que parece quererte;
en este inútil verso mío que, como yo,
tampoco dice nada,

que también te dice adiós.

Poemas de corte clásico (con perdón)
(Que nunca faltan. Casi nunca)

Soneto I

Como una fresca naranja del llanto,
como un museo de tardes inciertas,
como una luna ahorcada por su encanto,
como un armario de palabras muertas;

igual que un espejo en la madrugada
que sepulta sus ojos en zozobra,
entregándose al reino de la nada
y escupiéndome al rostro lo que sobra,

así me asalta en la tarde este verso,
así se me cuela en silencio al alma
dejándome vacío el anaquel

si busco la conjura a este adverso
reloj de lo imposible, que con calma
me hace escribir tu nombre en un papel.

Soneto III (mejor que el II)

Hay un fantasma que habita en mis espejos,
que se empeña en guardarme los olvidos
como si fueran amores heridos
por secretos que han venido de lejos.

Es un fantasma que a veces habla
con versos que navegan en la nada
y con la esperanza desesperada
con que se agarra un náufrago a su tabla.

Y en la noche, de mi lápiz a la hoja,
es fantasma que flotara perdido
y yo solo espero que no me pida

algún verso enfermo que se deshoja,
o una sombra de soneto torcido
que, igual que tu nombre, me hace una herida.

Soneto IV (no es fácil esto, ¿cómo lo hacía Lope?)

El fantasma que vive en mis espejos,
que flota como sombra en lo que escribo
y me espera en la orilla a la que arribo
porque sabe que me gusta irme lejos;

es un fantasma que a veces me dice
que lleva mi nombre y está perdido
como algún pájaro que ha sido herido
por una memoria que lo acaricie.

Y es un fantasma que también te quiere
y en la noche de palabras se agota
cuando la tinta del lápiz lo hiere,

entonces él, que tal vez sea yo, anota
algo que apenas nace se muere,
algo como un soneto de alma rota.

Soneto V

Hay veces que mis libros no me hablan,
y me ensordece un minutero preso,
y borro lo que ni siquiera empiezo,
para que ellas, las sombras, no me abran

las memorias que a mí vuelan de lejos,
como si fueran un ave del cielo,
o como solo esperanza de hielo
que fuera inmune al tiempo y a los espejos;

un algo como caricia soñada,
como si fueran flores que recojo:
que son tu nombre, tu voz, tu mirada.

Pero es una mentira. Es un manojo
de terribles racimos de la nada,
como estos pobres versos que deshojo.

Soneto VI (es el último. Al menos intento hubo)

a Lope

¿Qué tengo yo que mi acento no procuras?

Se me cae el acento de la boca
como estertor de cuervo y de sospecha,
como parodia y burla contrahecha,
como sombra de una sonrisa loca.

Y estas palabras extrañas que cargo
como callado castigo inmigrante,
con Tarjeta Verde pero, no obstante,
me sella la calle su timbre amargo

de suspicaz rechazo en su mirada.
Y de noche, ante un espejo gastado,
me repito una promesa obcecada:

"tal vez mañana no tendrás marcado
acento", mas veo en mi cara apagada
lo mismo diré mañana frustrado.

Poema 19 (*el título es pura coincidencia*)

Me gusto cuando callo
porque me tildan de ausente,
de hastiado y rencoroso,
de incómodo elemento.
¿Puedo pedirles, señores,
de amable forma por cierto,
que me dejen ustedes
zarpar por fin tranquilo
a una orilla innombrable,
que esté siempre bañada
por mis oscuras aguas filosofales?
¿Puedo también, señores,
de amable forma por cierto,
pedirles que recuerden
que uno que fue pablo y poeta
navegó sus mareas
sin que nadie dijera nunca gran cosa?
Me gusto cuando callo
porque me tildan de ausente,
de hastiado y rencoroso,
de incómodo elemento.
Una palabrota entonces,
unas maldiciones bastan
y estoy alegre, alegre
de que no sea cierto.

Almost Nothing, casi Walking Around (no se puede evitar otro final conocido)

a L.E.C. como varios otros de este libro

No fue casi nada.

Un par de palabras,
Un par de sonrisas.
Un par de cafés.

A mí me quedó
un sabor a lenta primavera
y sin azúcar el café.
Un sabor a algo ya ido,
mezclado con tu voz,
y silencios que se acercan
y memorias que se van.

Tu voz en un café
de palabras que se irán.

Un último café,
cargado de ausencias,
revuelto de tu voz
y negro, que te vas.

Te oí conversar,
te miré sonreír.
Acaricié tu voz
y te abracé
en estos versos
colgados al sol
y que destilan ahora
sus lentas lágrimas sucias.

Posibilidades imposibles (o ejemplos del uso del tiempo verbal pasado subjuntivo)

Me pregunto qué dirías
y si yo te contara, por ejemplo,
que deshojo pétalos de luna
invocando tu nombre en silencio
sin que importaran las burlas
de los libros y las calles?
¿Y si además te dijera que
balbuceo sin sonido tus vocales
como si platicara con las notas
de los trenes en la lluvia?
¿Y si por último te hablara
de esos besos extraviados
en la memoria del olvido
como si estuvieran anclados
en el fondo de la nada
porque el día que nacieron
dejaron de existir?

Un vals en la tarde
a Johann Strauss y a Chabuca Granda

Un, dos, tres; un, dos, tres,
un vals y un poema entre la tarde y yo;
las hojas se rinden a un vuelo amarillo
y sueñan su otoño tan lejos del mar.

Un, dos, tres; un, dos, tres,
un vals y un poema entre la tarde y yo;
el whiskey y el humo, testigos silentes
y mi casa ordenada
dispuesta a bailar,
la tortuga en el reloj,
la infancia en el desván,
mi gato en el tejado,
mis memorias del patio
y la luna en el pinar.

Un, dos, tres; un, dos, tres,
un vals y un poema entre la tarde y yo;
giro tras giro
el whiskey y el humo,
giro tras giro las cosas se van,
una flor olvidada en una carta de amor
y en silencio el espejo que llora su sal.

Giro tras giro,
la lluvia, las hojas;
giro tras giro las horas se van
en un vals y un poema
entre la tarde y yo.

Mientras la muerte salpica en mis libros
un poco de tarde
y un verso final.

Datos biográficos

Bernardo E. Navia L. nació en Chile en 1967. Cursó estudios básicos y secundarios en su país. Después de vivir y viajar por varios países de Latinoamérica y Europa, cursó estudios superiores de Literatura latinoamericana obteniendo el grado de Doctor, que le fue conferido por la Universidad de Illinois en Chicago en 2002. Ha publicado prosa y poemas en diversas revistas y periódicos literarios, tanto en Estados Unidos y México, como en Chile y Europa y ha colaborado con artículos, ensayos, cuentos y poemas en diversas antologías y revistas literarias (Susurros para disipar las sombras, Erato: Chicago, 2012; Vocesueltas: Cuatro cuentistas de Chicago, Vocesueltas: Chicago, 2007; De destinos, ciudad y Dios, Asrs Communis: Chicago, 2018; Contratiempo, Zorros y Erizos entre otras). Actualmente se desempeña como profesor de español en la Universidad de Illinois en Chicago.

INDICE

Ars Poética   1

Poemas enojados   17

Poemas para ti, para ellos, para nadie   45

Poemas para los que se han ido   75

Poemas de corte cásico   89

Titulo/Title: Poemas enojados
Autor/autor: Bernardo E. Navia
Imagen de portada/Cover: Miguel López Lemus
Editor: Miguel López Lemus (Editorial Pandora Lobo Estepario)

EDITORIAL
Pandora Lobo Estepario Productions™
http://www.loboestepario.com/press
Chicago/Oaxaca

www.ingramcontent.com/pod-product-compliance
Lightning Source LLC
Chambersburg PA
CBHW060819050426
42449CB00008B/1739